100 YORUBA WORDS FOR KIDS
IN PICTURES

OLANIYI BALOGUN, Ph.D.

Pictures used in this book were from public domain and/or creative commons

https://creativecommons.org/licenses/by/2.0/

Reference:

Google Translate, https//translate.google.com
Church Missionary Society, A dictionary of Yoruba Language, 1913, Digitized by Google

For further information, see: www.yorubalearn.com

Copyright © 2018-2019 OLANIYI BALOGUN

All rights reserved.

ISBN: 9781790426478

DEDICATION

This book is dedicated to Norah A. Balogun

Yoruba Alphabet

A a	B b	D d	E e	Ẹ ẹ	F f	G g
ah	bi	di	hay	he[n]	fi	gi
GB gb	H h	I i	J j	K k	L l	M m
gbi	i[n]	he	ji	ki	li	mi
N n	O o	Ọ ọ	P p	R r	S s	Ṣ ṣ
ni	oh	or	pi	ri	si	shi
T t	U u	W w	Y y			
ti	uh	wi	yi			

In this book, pronunciation spellings are approximation. Letters in '[ ]' are not pronounced.

[1] ADAN

(ah-da[w]n)

[3] AGUNFỌN

(ah-goon-fun)

[2] ADIYẸ

(ah-de[al]-ye[ll])

[4] AJA

(ah-ja[r])

[5] ALANGBA

(ah-lan[d]-gba)

[6] EJA

(he[n]-ja[r])

[7] EJO

([h]ay-joe)

[8] EKU

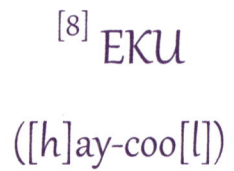

([h]ay-coo[l])

2

[9] ERIN

([h]ay-rin[g])

[10] ẸSIN

(He[n]-sheen)

[11] EWURẸ

([H]ay-who-re[d])

[12] ẸYẸ

(He[n]-ye[ll])

[13] KINIUN

(Ke[y]-ni[l]-woun[d])

[15] MAALU

(Ma[n]-loo[k])

[14] LABALABA

(la[b]-ba[r]-la[b]-ba[r])

[16] ỌBỌ

(o[r]-ba[ll])

[17] OLONGBO

(oh-lon[e]-g-bo[w])

[19] OPOLO

(or-pa[ul]-lo[ck])

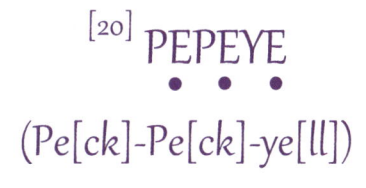

[18] ONI

(or-nee[d])

[20] PEPEYE

(Pe[ck]-Pe[ck]-ye[ll])

[21] AGBADO

(ah-g-ba[g]-doe)

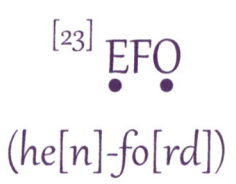

[23] EFO

(he[n]-fo[rd])

[22] ATA

(ah-ta[r])

[24] EPA

(he[n]-pa[r])

[25] ẸWA

(he[n]-wa[ck])

[27] ỌGẸDẸ

(or-gi[rl]-de[ll])

[26] ẸYIN

(he[n]-yin)

[28] ỌSAN

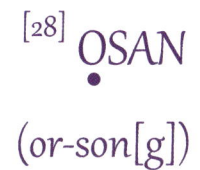

(or-son[g])

[29] FUNFUN

(foon-foon)

[31] PUPA

(poo[l]-pa[r])

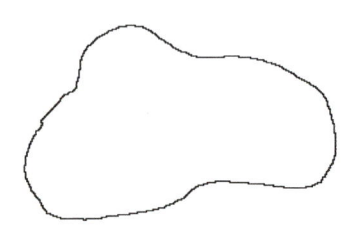

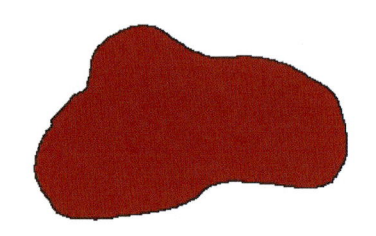

[30] DUDU

(du[de]-du[de])

[32] OṢUMARE

(oh-shoe-ma[rs]-ray)

[33] ABO̩

(ah-ba[ll])

[35] BALUWE̩

(ba[r]-loo[k]-we[ll])

[34] AGO

(ah-go[al])

[36] FERESE

(fa[y]-ra[y]-sa[y])

[37] IBUSUN

(he-boo[n]-soo[n])

[39] ILE

(he-la[ke])

[38] IJOKO

(he-jo[ke]-co[al])

[40] ILẸKUN

(he-le[g]-coon)

[41] IGBALẸ

(he-g-ba[r]-le[g])

[42] OBẸ

(or-be[ll])

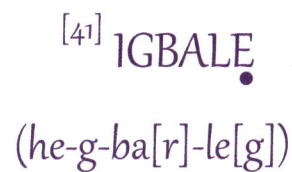

[43] OWO

(oh-wo[e])

[44] ṢIBI

(she-bee)

[45] BATA
(ba[r]-ta[r])

[47] FILA
(fi[ll]-la[d])

[46] AṢO
(ah-shaw)

[48] ṢOKOTO
(sho[w]-co[al]-to[w])

[49] AYE

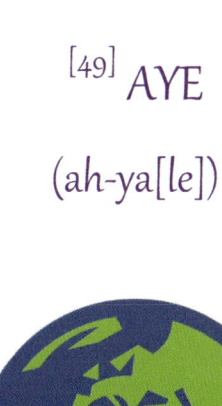

(ah-ya[le])

[51] INA

(he-nu[ll])

[50] IGI

(he-gee[k])

[52] IRAWỌ

(he-ra[ck]-wa[ll])

[53] IYANRIN

(he-ya[w]n-rin[g])

[55] ODO

(oh-doe)

[54] KORIKO

(co[ke]-ree[k]-co[al])

[56] ODODO

(oh-doe-doe)

[57] OKO

(oh-co[al])

[59] OKUTA

(oh-coo[l]-ta[r])

[58] OKUN

(oh-coo[n])

[60] ỌNA

(or-nor)

[61] ORUN

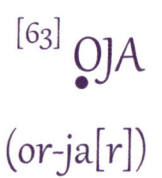

(oh-ru[i]n)

[63] OJA

(or-ja[r])

[62] OSUPA

(oh-shoe-pa[r])

[64] IBI-ISERE

(he-bee-he-sha[ke]-ra[y])

[65] ILE-IWOSAN

(he-la[ke]-he-woe-son[g])

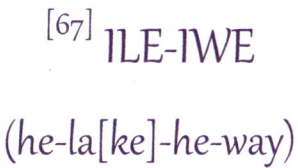

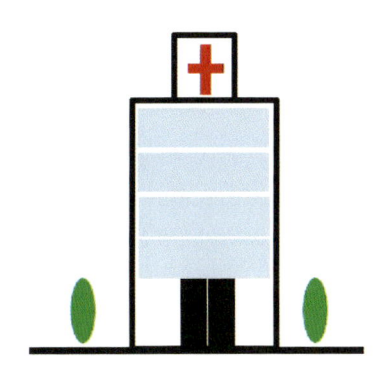

[67] ILE-IWE

(he-la[ke]-he-way)

[66] ILE-ISẸ

(he-la[ke]-he-she[d])

[68] ỌKỌ

(or-ca[ll])

[69] ỌKỌ-OFURUFU

(or-ca[ll]-oh-fu[ll]-roo[f]-fu[ll])

[70] ỌKỌ-OJUOMI

(or-ca[ll]-oh-ju[de]-oh-me)

[71] BABA

(ba[r]-ba[r])

[72] MAMA

(ma[n]-ma[n])

[73] OMỌDE

(or-ma[ll]-da[y])

[75] ALUFA

(ah-loo[k]-fa[r])

[74] AGBẸ

(ah-g-be[g])

[76] ASOWO

(ah-sho[w]-woe)

[77]OLỌPA

(or-lu[ck]-pa[r])

[79]OLUWOSAN

(oh-loo[k]-woe-son[g])

[78]OLUKỌ

(oh-loo[k]-ca[ll])

[80]PANỌPANỌ

(pa[r]-no[r]-pa[r]-no[r])

[81]ORI

(oh-ree[k])

[83]IMU

(he-moo[n])

[82]ENU

(he[n[-ne[w])

[84]ETI

([h]ey-tea)

[85] ORUN
(or-ru[i]n)

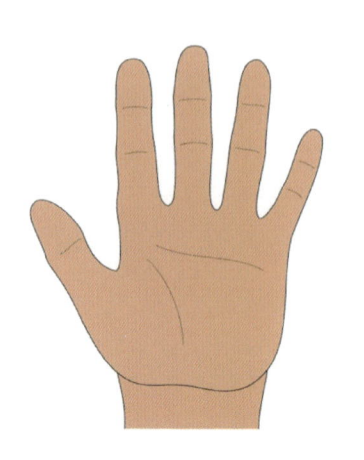

[87] ESE
(he[n]-se[ll])

[86] OWO
(or-wo[rk])

[88] IKU
(he-coo[l])

[89] ẸYIN

(he[n]-yin)

[91] OKAN

(oh-co[r]n)

[90] OROKUN

(oh-ro[ll]-coo[n])

[92] MEJI

(ma[ke]-jee[p])

[93] ṂETA

(me[n]-ta[r])

[95] MARUN

(ma[n]-ru[i]n)

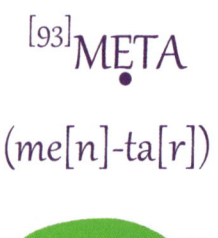

[94] ṂERIN

(me[n]-rin[g])

[96] ṂEFA

(me[n]-fa[r])

[97] MEJE

(ma[ke]-jay)

[99] MẸSAN

(me[n]-son)

[98] MẸJỌ

(me[n]-jaw)

[100] MẸWA

(me[n]-wa[ck])

Check out some other books by the author

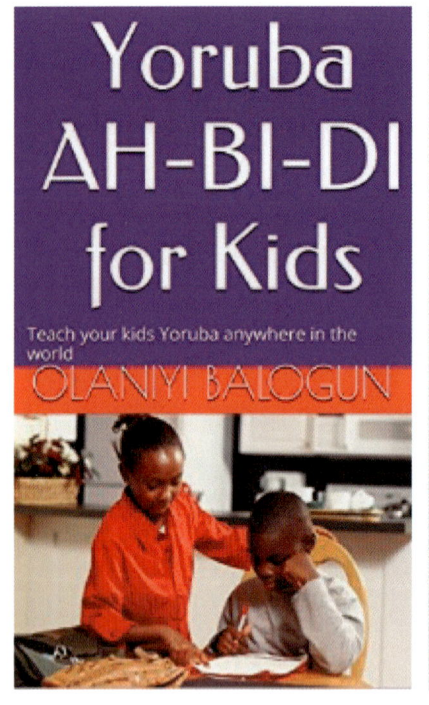

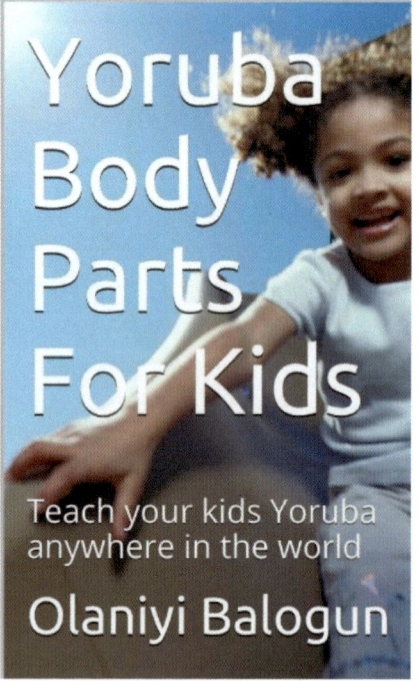

Buy it today on amazon.com

Printed in Poland
by Amazon Fulfillment
Poland Sp. z o.o., Wrocław